ULRICH SCHAFFER *ich kämpfe…*

ich kämpfe...

für eine bessere Welt

ULRICH SCHAFFER

Fotokunst-Verlag Groh
Wörthsee bei München

Wörthsee bei München
Text, Fotos und Konzept: Ulrich Schaffer
Schriftgrafik/Umschlag: Friedrich Peter
ISBN 3-89008-773-6

Kämpfen, nicht als zerstörerischer Akt, sondern als ganzer Einsatz für das Leben und für die Würde des Lebendigen. Mit Träumen und Hoffen allein ist es nicht getan. Aber zu kämpfen, ohne von einem Traum und von der Hoffnung für das Leben beseelt zu sein, kann zu Zerstörung führen. Wo das Kämpfen als aktives Träumen und Hoffen verstanden wird, geht es nicht so leicht in die Irre.
Wir gewöhnen uns manchmal zu leicht an die Zustände, wie sie sind. Wir sehen nur noch unsere eigene Hilflosigkeit und geben es auf, die Zustände verändern zu wollen. Da fehlt es an kämpferischem Geist, und Resignation kann sich leicht breitmachen. Kämpfen zu müssen ist eine der Grunderfahrungen des Menschseins. In diesem Band möchte ich die Bereiche etwas mehr betonen, die wir sonst vielleicht nicht so im Zusammenhang mit Kämpfen sehen. Ich glaube, daß wir in einer Welt, in der es manchmal große Einsätze für sehr zweifelhafte Ziele gibt, neu begreifen müssen, daß das Lebensförderliche unsere starke Unterstützung braucht. Es gibt viel Todesenergie in unserer Kultur, und zu leicht kann darunter das Leben sterben, wenn wir nicht schöpferisch werden in unserem Kämpfen für dieses Leben.

Ich kämpfe
weil ich weiß,
daß es ohne Kämpfen nicht möglich sein wird,
die Kostbarkeiten in mir
und um mich zu bewahren.

Es ist so leicht,
das Wertvolle in der Hektik zu verlieren,
die Empfindsamkeit dem Erfolg zu opfern,
nicht mehr auf die Kleinigkeiten zu achten,
aus denen sich das Leben zusammensetzt.

Kämpfen heißt
bewußter leben,
wahrnehmen, aufnehmen,
entscheiden, etwas einsetzen,
um ein erfülltes Leben zu führen.

Ich kämpfe gegen die Gleichgültigkeit,
mit der wir uns zu schnell zufriedengeben.
Ich kämpfe gegen die Gewöhnung an Zustände,
die uns entmenschlichen.
Ich kämpfe gegen das Wegsehen,
das Abschalten und Hartwerden.

Unsere Aushöhlung geschieht dann,
wenn wir immer neue Argumente finden,
warum es leider nicht anders sein kann,
als es ist. Wenn wir nicht aufbegehren
gegen die Zustände des Todes,
gegen das fehlende Recht für die Armen,
gegen die Tyrannei, mit der Ideologien regieren,
gegen die Politik, die den Planeten zerstört.
Wenn wir die Hände in den Schoß legen
und uns hinter unserer Hilflosigkeit verstecken,
dann zieht der Tod auch durch uns.

Lebendig leben heißt,
mit Liebe um die Liebe kämpfen,
das Grau-in-Grau nicht annehmen
und mit Fantasie echt werden.

Ich kämpfe mich frei
von den Regeln meiner Kindheit und Jugend.
Was einmal für mich stimmte,
jetzt aber überholt ist,
lasse ich hinter mir.

Ich kämpfe mich frei von den Stimmen,
die mit ihrer verzerrten Wahrheit
noch ihre Macht über mich ausüben wollen.

Ich kämpfe mich frei von dem,
was ich selbst immer von mir glaubte,
und stelle fest,
daß ich nicht festgelegt bin.

Ich kämpfe mich frei
von den Werten und Maßstäben meiner Familie
und entdecke meine eigenen,
denen ich mit Überzeugung folgen kann.

Ich kämpfe mich frei,
ich selbst zu sein.

Ich kämpfe auch gegen meine Angst,
Fehler zu machen beim Kämpfen.
Ich weiß, daß ich nicht
perfekt kämpfen werde,
und doch gehe ich das Risiko ein.
Schon lange habe ich begriffen,
daß es der größte Fehler ist,
aus Angst nichts mehr zu tun.

Ich erlaube mir meine Angst,
aber ich lasse mich von ihr
nicht handlungsunfähig machen.
Ich mache weiter,
ich stürme voran,
ich lasse mich nicht abhalten,
das Leben zu suchen und zu pflegen.

Gerade auch durch meine Fehler
werde ich wachsen und reifen.
In schwierigen Situationen werde ich merken,
welche Energien noch in mir schlummern.

Wenn ich kämpfe,
laufe ich immer Gefahr,
selbst in einer Weise zu handeln,
die ich für zerstörend halte.
Ich will nicht genauso gefühllos werden
wie die, deren Gefühllosigkeit ich kritisiere.

Ich will nicht die Ideen,
für die ich kämpfe,
über die Menschen stellen,
weil ich damit auf meine Weise
die gleiche Verachtung übe
wie die Ideologen,
die schon seit Jahrtausenden
Menschen opfern und das
mit ihren Ideen rechtfertigen.

Entschieden will ich mich einsetzen,
aber nicht über Leichen gehen.
Fest will ich sein,
aber nicht festgefahren.

Ich will liebend kämpfen.

*Ich kämpfe gegen meine eigene Hoffnungslosigkeit.
Immer wieder beginne ich auch in mir
die Stimmen zu hören,
die ich jeden Tag um mich höre.
Die Stimmen, die meinen, realistisch zu sein,
wenn sie nur die Zerstörung und den Tod
in der Welt feststellen.
Stimmen, die mit ihrer Analyse
jede wirkliche Veränderung ausschließen
und sich ein Wunder nicht mehr vorstellen können.*

*Ich kämpfe dagegen,
daß diese Haltung auch in mir Fuß faßt.
Nichts und niemandem helfe ich,
wenn ich die Hoffnung verliere,
weil ich damit aufhöre,
an die Veränderung zu glauben
und mich geschlagen gebe.
Solange ich hoffe und handle,
ist noch ungeheuer viel möglich.
Die Verwandlung der Welt
beginnt in meiner Einstellung.*

Ich kämpfe um ein Gottesbild in mir,
mit dem ich leben kann
und das mir nicht das Leben nimmt
mit seinen Regeln und Gesetzen.
Ich will glauben
und mich selbst dabei nicht verleugnen.

Ich kämpfe mich frei
von dem alten, von Menschen gemachten Gott,
der nur ein Ausdruck unserer Begrenztheit ist.
Dieser Gott war wenig reifer als ich,
und in diese Enge will ich nicht wieder.
Ich will ihn und mich entgrenzen.

Ich kämpfe mich frei
von den Menschenstimmen,
die mir sagen wollen,
wie ich zu glauben habe,
und mit erhobenem Zeigefinger
durch meine Wachträume geistern.
Ich kämpfe mich frei
von den festen Gottesbildern
und betrete die Grenzenlosigkeit
der immer neuen Verwandlungen Gottes.

Ich kämpfe,
um frei zu bleiben
von dem, was ich besitze,
damit ich nicht von ihm besessen werde.
Die Dinge sind für mich da
und nicht ich für sie.
Ich wehre mich dagegen,
immer mehr besitzen zu müssen.
Ich verweigere mich dem Konsumzwang.

Wenn ich merke,
daß ich ohne etwas nicht leben kann,
dann ist es Zeit, genau das abzulegen
und zu überlegen,
was in der Mitte meines Lebens steht.

Ich selbst
will die Entscheidungen
meines Lebens treffen
und nicht meiner Habgier ausgeliefert sein.
Auch das Loslassen gehört zum Reifen.

Ich kämpfe gegen die Unehrlichkeit,
die wenig dramatisch einherkommt,
gegen die Lügen, die kaum wahrzunehmen sind,
weil sie so harmlos aussehen
und oft nur in der Unterlassung
und nicht im Handeln liegen.

Ich kämpfe gegen die Systeme,
die kleine Lügen von mir erwarten,
damit sie besser funktionieren.
Ich lasse mich nicht mehr einbauen
in den Apparat der Zerstörung.
Ich wehre mich gegen Gepflogenheiten,
die mit ihrer Unehrlichkeit das Leben verzerren
und die schleichende Entfremdung begünstigen.

Ich kämpfe, indem ich protestiere.
Ich kämpfe, indem ich mich verweigere.
Ich kämpfe, indem ich offen und direkt bin.
Ich kämpfe, indem ich mich selbst hinterfrage.
Ich kämpfe, indem ich die peinliche Stille aushalte.

Ich kämpfe für die Unterdrückten,
hier und in fernen Ländern,
die im Schatten der Gewaltigen leben
und deren Spielbälle sind.
Ich fange bei mir an,
indem ich mich nicht hilflos sehe
gegen die Tyrannen und die Konzerne der Welt,
gegen die sanfte oder harte Ausbeutung.

Wo ich einem einzigen Menschen vermittle,
daß er wertvoll ist, da arbeite ich mit
an der Reduzierung der Unterdrückung.
Wo ich auch nur für einen Menschen
eine Möglichkeit schaffe, einer inneren
oder äußeren Gefangenschaft zu entgehen,
da schaffe ich Wege aus der Ausweglosigkeit.

Ob sich meine Liebe
im Boykottieren von Produkten
oder in Straßendemonstrationen,
in politischen Aktionen
oder Schriftstücken ausdrücken soll,
wird mir die Liebe zeigen.
Ich will mehr tun als nur reden.

Ich kämpfe mit meinem ganzen Wesen
für die Erhaltung des Planeten.
Ich will mich körperlich, seelisch
und geistig einsetzen für die Rettung
dieser herrlichen Welt.
Dies ist meine Heimat, meine Wohnung,
die bergende Seele für meine Seele.
Ich stehe zu allem
in einer Bruder- und Schwesternschaft.
Das Wasser tauft mich in seiner Reinheit.
Aus den Wäldern nehme ich meinen Atem.
Von den Tieren lerne ich Weisheiten,
die ich längst vergessen habe.

Ich habe nicht das Recht, auszubeuten,
zu zerstören, zu verunreinigen.
Dabei kämpfe ich auch
gegen meine eigene Überheblichkeit,
gegen den Glauben, daß ich einen Sonderstatus habe
und mich herausnehmen kann
aus den Zusammenhängen.
Wenn ich für den Planeten kämpfe,
kämpfe ich für mich, auch wenn das manchmal heißt,
daß ich gegen mich selbst angehe.

Ich kämpfe wieder einmal mit mir,
gegen meine Tendenz, Menschen aufzugeben.
Wenn eine Reihe Dinge geschehen,
mit denen ich nicht fertig werde,
dann neige ich dazu, jemanden abzuhaken.

Ohne großen Aufwand, ohne wichtige Worte,
ohne Tränen und ohne Mitgefühl
kann ich jemanden fallenlassen.
Ich wende mich ab und gehe.

Das ist eine innere Wirklichkeit,
gegen die ich ankämpfe, wenn ich sie bemerke.
In ihr bin ich der stille Feind aller,
auch mein eigener.

Ich will keine Tür endgültig schließen,
ich will nicht unbeteiligt weggehen
und nicht wiederkommen.

Ich kämpfe gegen das Vergessen,
gegen das Verscharren und Übertünchen,
gegen das „Ach, so schlimm war es doch nicht“,
gegen das „Es ist lange her“
und gegen den Zeigefinger,
der nur auf andere zeigt.

Wenn wir die Zerstörungen
unserer Vergangenheit vergessen,
als wären sie nicht geschehen,
dann werden wir sie wiederholen,
bis wir gelernt haben,
daß wir fähig sind, zu morden,
zu verraten und ohne Gefühl zu leben.

Nur dieses Wissen
wird uns davor bewahren,
zu Mördern, Verrätern
und Lebendigtoten zu werden.

Ich kämpfe darum,
mich nicht daran zu gewöhnen,
daß Menschen verschwinden,
aus ihren Häusern, aus ihren Familien,
in Ländern, die Ordnung predigen
und vorgeben, Menschenrechte zu fördern.

Ich will mich nicht gewöhnen
an die Körper von Gefolterten
mit ihren Narben
und den Narben der Angst
in ihren Seelen.
Ich will mich auflehnen
gegen meine eigene Trägheit.

Ich protestiere gegen die graue Vereinheitlichung,
in der der einzelne nicht mehr zählt
und keinen Wert hat.
Ich kämpfe gegen die Abstumpfung.
Ich will mich nicht an die Anzahl der Toten,
der Enteigneten und Vertriebenen gewöhnen.
Nicht, weil ich es jemandem vorhalten will,
sondern um zu verhindern,
daß es wieder geschieht.

Ich kämpfe
gegen die Verwöhnung in unserer Kultur,
gegen die Schönheitsideale,
an denen Menschen zerbrechen,
gegen den guten Ton,
an dem wir krank werden,
gegen die Unechtheit unserer Beziehungen,
gegen die Ernsthaftigkeit, mit der wir uns
unwichtigen Nebensächlichkeiten widmen,
gegen die vielen Lügen vom großen Glück,
gegen unsere Angst vor Leid,
durch die wir mehr Leid schaffen,
gegen die Nachlässigkeit,
mit der wir unseren Planeten ausbeuten,
gegen die Unbewußtheit, mit der wir
auf Kosten von dreiviertel der Welt leben.

Ich will hellhörig und aufmerksam sein,
damit ich mich nicht selbst verliere
in den Werten fremder Menschen
und mich in meiner Verwöhnung dem verschließe,
was jenseits der Oberflächlichkeit liegt.

Ich kämpfe gegen den schneidenden Zynismus,
gegen die zersetzende Ironie,
gegen den schlauen Sarkasmus.
Blicke können Mordwaffen sein.
Worte sind auch Dolche.
Witze können bis auf den Grund beschämen.

Wo unsere Worte nicht mehr bedeuten,
was sie bedeuten,
wo wir uns verstellen
und zwei Gesichter tragen,
wo uns unsere Wirkung wichtiger ist
als unsere Echtheit,
da übertreten wir eine Grenze
und beginnen zu zerstören,
auch wenn es erst kaum zu merken ist.

Komm, wir wollen ehrlich sein
und das meinen, was wir sagen.
Wir wollen die Sprache
zur echten Verständigung gebrauchen
und nicht, um einander lächerlich zu machen.

Ich kämpfe zusammen mit dir,
nicht gegen dich.

Wenn wir unsere Energien zusammenlegen,
wenn ich dich ermutige,
den Weg des Außenseiters zu gehen
und du mir beistehst, wenn ich
die Erwartungen unserer Gesellschaft
nicht erfülle, wo sie Leben zerstören,
dann haben wir eine bessere Chance,
in einer Welt zu bestehen,
die uns zermahlen kann.

Ich träume von einer Verschwörung
der wahrhaft Lebendigen,
um die Flut des Todes in der Welt aufzuhalten.
Wenn wir uns nicht nur einzeln verkämpfen,
dann wird es uns leichter fallen,
uns selbst treu zu bleiben.

Ich kämpfe mit mir
um dein Überleben.
Ich will dich nicht überrollen
mit der Wucht meiner Persönlichkeit.
Ich will nicht, daß du untergehst
in meinen Meinungen,
in meinen guten Vorschlägen,
in meinen Ansichten,
die so überzeugend sein können,
daß du vergißt, wie du etwas siehst
und was du willst.

Ich kämpfe mit mir,
mich zurückzuhalten,
manchmal auch mir selbst
das Reden zu verbieten.
Ich kämpfe gegen den Menschen in mir,
der nicht nur für sich selbst begreift,
sondern auch gleich für alle mitdenkt,
und sie darum überfährt, überfordert,
entmündigt und mundtot macht.

Ich kämpfe mit dir
um mein Überleben.
Ich will dir nicht hörig werden,
weil du mich dann nicht mehr
als Gegenüber hast.
Ich will nicht nur leuchten,
weil etwas von deinem Licht
auch auf mich fällt.
Ich trage selbst Licht in mir.

Ich will meine Gefühle ernst nehmen,
auch wenn du sie nicht teilst.
Ich will zu mir stehen
durch dick und dünn.
So stehe ich auch zu dir.

Ich kämpfe mit meiner Leidensscheu.
Leid kommt in Form deiner Andersartigkeit,
deiner Ablehnung, deiner Kälte,
und da beginne ich mich zu verpanzern.

Ich tue so, als wenn ich es nicht merke.
Ich laufe davon oder reagiere mit Kälte
und lasse dich so an mir leiden,
wie ich an dir leide.
Oder ich spiele den Lustigen
und lasse das Leid nicht an mich herankommen.

Dabei weiß ich,
daß ich gerade am Leiden wachse
und durch nichts anderes
einen so tiefen Einblick
ins Leben gewonnen habe
wie durch das Schwere und seine Verarbeitung.

Darum kämpfe ich
gegen meine Fluchtversuche
und stelle mich dem Leid.
So nehme ich dich und das Leben ernst.

Ich kämpfe um mehr Zeit
mit dir und für dich.
Ich will nicht untergehen
in meinen Pflichten, in meinem Beruf
und dem Kleinkram des täglichen Lebens.

Ich will mich immer wieder
an die Wichtigkeit unserer Beziehung erinnern
und sie nicht hintanstellen.
Ich will sie pflegen, weil sie kostbar ist.
Es ist wichtig, Zeit füreinander zu haben,
auch wenn wir dadurch weniger verdienen.
Ich will auf etwas verzichten,
um innerlich zu wachsen.

Ich kämpfe um freie Minuten,
um Stunden und Tage,
an denen unsere Beziehung gesunden kann.
Ich will mich immer wieder zurückziehen,
mich sammeln, um dann ganz bei dir zu sein.

Manchmal kämpfe ich
mit meiner Mutlosigkeit wegen unserer Beziehung.
Dann denke ich,
daß wir es nicht schaffen werden.
Wir sind zu verschieden,
wir reiben uns zu sehr,
vielleicht zerreiben wir uns.
Ich sehe deine große Sehnsucht
und kann sie nicht stillen.
Und meine Träume
mag ich dir erst gar nicht sagen.

So schleicht sich die Verzweiflung ein,
der Gedanke zu gehen,
innerlich oder äußerlich.
Nicht mehr alles einzusetzen,
damit wir einander wirklich begegnen,
auch unter Schmerzen.

Ich brauche mehr Fantasie
für die Gestaltung unserer Liebe.

Ich kämpfe gegen mich selbst,
um dich wirklich loszulassen
und dich auch nicht
mit den zartesten Fäden
an mich zu binden.

Du gehörst mir nicht,
wie ich auch dir nicht gehöre.
Ich verfüge nicht über dich.
Es ist nicht mein Recht,
über dich zu bestimmen.

Auch dein Glück für dich zu wählen
steht mir nicht zu.
Ich klopfe mir auf die Finger,
ich halte den Mund,
ich fädle nichts ein für dich,
ich mache nicht unwiderstehliche Vorschläge.
Ich lasse dich dein Leben leben,
aus Liebe zu dir.
So kannst du wachsen,
und so werde ich deine Einmaligkeit
am klarsten sehen.

Ich kämpfe um ein neues Bild von Beziehung
und um ein tieferes Verständnis dafür,
wie zwei Menschen miteinander sein können,
ohne sich selbst zu verlieren
oder einander das Leben zu schmälern.

Ich will nicht in den alten Mustern leben,
nicht in ausgetretenen Schuhen laufen,
nicht das wiederholen,
was für mich unlebendig geworden ist.
Ich will nicht das tun,
was den Gepflogenheiten entspricht.
Ich will weder mein Glück zu schnell opfern
noch das Unglücklichsein um jeden Preis vermeiden.

Ich kämpfe, daß ich in deiner Freiheit
meine Freiheit begreife, auch wenn es schmerzt.
Und in meiner Freiheit konfrontiere ich dich
mit der lebensnotwendigen Herausforderung,
auch wenn du es manchmal nicht begreifst.
Ich wünsche mir, daß wir ineinander verwurzelt sind
und doch mutig genug,
auch getrennt zu wachsen.

Ich kämpfe mit mir,
daß ich dich nicht als Selbstverständlichkeit
in mein Leben einbaue.

Zu leicht bestimme ich über dich
durch die Art, wie ich etwas plane.

Ich rechne mit dir,
ohne zu merken, daß ich mit dir rechne.

Ich breche in deine Freiräume ein
mit meiner Unordnung.

Ich schaffe Zustände,
aus denen du mich retten mußt.

Auch das ist Gewöhnung, die zerstört.
Auch das ist Bevormundung.

Ich will mich dafür einsetzen,
daß du frei entscheiden kannst.

Ich will dich nicht unter Druck setzen,
meinen Erwartungen gerecht zu werden.

Ich kämpfe darum,
es zu schaffen,
bedingungslos zu lieben.
Ich will meine Liebe nicht abhängig machen
von deiner richtigen Handlungsweise.
Ich will das entschiedene Lieben lernen,
daran hängt meine Reife.

Ich will auf Abweisung nicht abweisend reagieren.
Ich will auf Gleichgültigkeit
nicht mit Verpanzerung antworten.
Ich will nicht nur reagieren,
sondern erfinderisch sein und meinen Weg finden
durch die Wirrnisse und Verletzungen.
Ich weiß, daß es unzählige Formen
und Ausdrucksweisen des Liebens gibt
und nichts vorgezeichnet ist.

Ich kämpfe
mit der Trägheit meines Herzens,
mit der Bequemlichkeit meiner Sinne.
Aber ich werde den Kampf gewinnen
und bedingungslos lieben.

Grunderfahrungen des Menschseins

Diese Bücher befassen sich mit den Grunderfahrungen des Menschseins: Suchen, Wagen, Staunen – Leiden, Hoffen, Lieben – Feiern, Träumen, Kämpfen. Es vergeht kaum ein Tag, an dem wir uns nicht in ihrem Bereich bewegen. Ich habe versucht, ihre Inhalte in Worte zu fassen, sie greifbarer zu machen, bewußter mit ihnen umzugehen.

Was suchen wir eigentlich? Was gilt es zu wagen, damit wir erfüllter leben können? Wie können wir lernen, die Welt um uns wieder zu feiern? Wovon träumen wir, und gelingt es uns, diese Träume zu verwirklichen, oder leiden wir nur unter ihnen?

In dieser Buchreihe will ich versuchen, das, was wir oft nur unklar in uns fühlen, sichtbar werden zu lassen. Ich hoffe, daß sich Leserinnen und Leser in manchen dieser Gedanken wiedererkennen und so sich selbst und andere besser verstehen lernen.

Meine Fotos sollen dazu beitragen, diese Wege ins eigene Leben und Denken besser zu finden. Bilder sprechen manchmal direkter als Worte.

Der Aufbau eines jeden Bandes dieser Buchserie ist so, daß in der ersten Hälfte die allgemeinen Texte zu finden sind, während sich die Texte der zweiten Hälfte auf die Beziehungen zwischen zwei Menschen konzentrieren.

Ich wünsche meinen Leserinnen und Lesern – ob sie nun nur einen Text, einen Band oder die ganze Serie lesen und betrachten, daß sie sich selbst dabei ein wenig näherkommen und ermutigt werden, aktiver an der Gestaltung ihres eigenen Lebens mitzuwirken.

Ulrich Schaffer

Ulrich Schaffer wurde 1942 in Pommern geboren, wohnt aber schon seit 1953 in Kanada. Nach dem Studium arbeitete er von 1970 bis 1981 als Dozent für europäische Literatur an einem College bei Vancouver. Seit 1981 ist er freiberuflich Schriftsteller und Fotograf. Er ist verheiratet und hat zwei Töchter.

Es gibt von ihm fünfzig Bücher, von denen zwanzig Bildbände sind. Die Gesamtauflage seiner Bücher beträgt inzwischen weit über eine Million.

Ulrich Schaffer ist meistens zweimal im Jahr zu Lesungen in Europa, weil es ihm wichtig ist, den direkten Kontakt mit seinen Lesern zu halten.

Ulrich Schaffer schreibt aus seinem Erleben heraus und reicht so in das Erleben anderer hinein. Ihm geht es immer wieder um die Fragen, die die meisten Menschen bewegen: Was ist der Sinn? Wie kann ich lebendig leben? Wie finde ich den Weg zum andern? Diese Buchserie ist ein Ausdruck der Beschäftigung mit solchen Fragen. Bis jetzt sind folgende Titel erschienen:

ich suche...	*Zum Herzen des Lebens vordringen*
ich wage...	*Etwas einsetzen, um Leben zu gewinnen*
ich staune...	*Das Wunder des Lebens entdecken*
ich leide...	*und entdecke die tiefere Bedeutung*
ich hoffe...	*und verschlossene Türen tun sich auf*
ich liebe...	*und die Welt entfaltet sich*
ich feiere...	*um mein Glück zu leben*
ich träume...	*um meine tiefen Wünsche zu spüren*
ich kämpfe...	*für eine bessere Welt*